AF370247

NOTICE
D'AUTOGRAPHES

LA PLUPART

D'ARTISTES DRAMATIQUES

ET

LITTÉRATEURS

Du Cabinet de M. J.-H.-M. SOLEIROL

DONT LA VENTE AURA LIEU

RUE DES BONS-ENFANTS, N° 28

HOTEL SILVESTRE

SALLE N° 4

Le Mardi 6 Janvier 1863, à 7 heures précises du soir

M° **DELBERGUE-CORMONT**, Commissaire-Priseur,
rue de Provence, 8,

Assisté de M. **VIGNÈRES**, Marchand d'Estampes,
rue de la Monnaie, 13, à l'entresol, entrée rue Baillet, 1,

Chez lequel se distribue la présente Notice.

Exposition le jour de la vente, de 2 heures à 4 heures.

PARIS

RENOU & MAULDE

IMPRIMEURS DE LA COMPAGNIE DES COMMISSAIRES-PRISEURS
Rue de Rivoli, 144

—

1862

1863.

CONDITIONS DE LA VENTE

Elle sera faite au comptant.

Les adjudicataires paieront CINQ pour CENT en sus du prix d'adjudication.

Les Lots pourront être divisés.

DÉSIGNATION

DES

AUTOGRAPHES

1 ABINGTON (Mme), comédienne. Lettre aut. sig. en anglais. — Adalbert. — Albertazzi. — Angèle. — Fremy Arnould. — Aubry. — Sig. 6 p.

2 AIGNAN. — Altaroche. — Antier. — Vicomte d'Arlincourt. 5 lettres et billets aut sig.

3 ANCELOT (Mme). 2 petits billets aut. sig.

4 ANCELOT (M.). 6 lettres et billets aut, sig. relatives à la *Grille du Parc*, et coupures adressées à Lafon, pour son rôle, etc.

5 ANDRIEUX, auteur dramatique. 1 lettre aut. sig. — ARNAULT. 2 lettres et 1 billet aut. sig.

6 ANSEAUME, musicien. Lettre et billet aut. sig.

7 ARNAL, acteur et poëte. Billet aut. sig. et conte moral en vers, lith. fac-simile.

8 ARNOULD (Mlle), actrice, cantatrice. Reçu aut. sig. d'argent payé pour M. de Lauraguais.

9 AUBER, compositeur. 2 billets aut. sig. — BALFE. Billet aut. sig.

10 AUDINOT, auteur et directeur. Reçu aut. sig. — Autre de LEXCONBAR. — Autre de NICOLET fils, sur la même feuille.

— 11 Avenel (Mlle). Théâtre Français. Lettre et billet aut. sig.

— 12 Avrigny (d'), auteur dramatique. Lettre aut. sig.— Émile Augier. Lettre aut. sig.

— 13 Barante. Lettre aut. sig. *Prosper de Barante,* et lettre sig.

— 14 Balzac. — Baour-Lormian. — Barbé-Marbois. — Barthélemi.— H. Berthoud.— Berger de Xivrey. — Berthevin.—Berriat de Saint-Prix.—Boudin.— Leblanc. — Bonald. — Bouchet. — Boutroux. — 15 lettres ou billets aut. sig et sig.

15 Barilli, chanteur. Lettre aut. sig.

16 Barroilhet. 4 lettres ou billets aut. sig.

17 Bayard. Lettre et billet aut. sig.— Bazancourt. Lettre et billet aut. sig.— Belmontet. Lettre aut. sig. 5 p.

18 Batta, violoncelle. Lettre aut. sig.— Berlioz 3 billets aut. sig.— Berton. 4 vers aut. sig. 5 p.

19 Beauvallet, acteur. Lettre aut. sig. — Bouffé. Lettre aut. sig. et billet de bal sig.

— 20 Bellecourt. Théâtre Français. 2 lettres aut. sig.

21 Bernard, commissaire impérial des théâtres, 1813, 5 lettres aut. sig, billet sig.

— 22 Blangini, compositeur. Requête aut. sig.

— 23 Boccage. 4 lettres et billets aut. sig. et billet de bal sig.

24 Bohrer (Max.). Billet aut. sig. — Boieldieu, frère d'Adrien. Billet aut. sig. — Boisselot. Billet aut. sig. 3 p.

25 BONAPARTE. Brevet sig.—LUCIEN. 2 lettres aut. sig. au citoyen Lafon.—Carte avec calculs faits par Napoléon. Ce quatre de carreau a été donné par le général Bertrand. 4 p.   **50**

26 BONJOUR (Casimir). Lettre aut. sig.—BORY SAINT-VINCENT. 3 lettres et billets aut. sig.—BOUCHARDY. Lettre aut. sig. 5 p.

27 BRAMBILLA (Marietta). Lettre aut. sig. en italien.—THERESA. Sig., billet de bal. 2 p.

28 BRAZIER. Charmante lettre de 2 pages aut. sig. à Pixéricourt, sur le 4ᵉ acte d'une pièce.

29 BROHAN (Augustine). Billet aut. sig. et sig.—Aurore Bursay, auteur dramatique. Lettre aut. sig. 3 p.

30 CARAFA. 2 billets aut. sig.—CASTIL BLAZE, feuillet de la partition de Fidelio de Beethoven, traduit.

31 CARMOUCHE. Billet aut.—CREUZÉ DE LESSER. Lettre aut. sig.—CUVELIER DE TRYE. Lettre aut. sig. 3 p.

32 CHAMFORT. 2 fragments aut.

33 CHATEAUBRIAND. Lettre aut. sig. 1835.   4 50

34 CLAPISSON. Billet aut. sig.

35 COCQUARD, poëte. Lettre aut. sig. 4 pag.   1 75

36 CONTAT (Louise), épouse de Parny. Lettre aut. à sa sœur.

37 DAMOREAU CINTI (Mᵐᵉ). 4 lettres et billets aut. sig.   2

38 DARU. Lettre aut. sig.—DENON. Lettre aut. sig. 2 p.

39 DÉJAZET.—Mᵐᵉ DOCHE.—M. DOCHE. Billet aut. sig. et sig. 5 p.   2 25

40 DELRIEU.—Eugène DESMARES. 2 lettres aut. sig.

41 DÉSAUGIERS. Lettres aut. sig. et pièce de vers aut. *Oui j'aime Arlequin.*

42 DESCHAMPS (Émile). — Jean-Marie DESCHAMPS. — DESBORDES-VALMORE. 3 lettre et billets aut. sig.

43 DESPRÉAUX (Louise). — Mlle DOZE. 2 billets aut. sig.

44 DORAT. 2 fragments aut. et aut. sig

45 DORFEUILLE. Lettre de 4 pages pleines aut. sig.

46 DOWTON, acteur anglais. 3 lettre et billets aut. sig. en anglais.

47 DUCHESNOIS (Mlle). Billet aut. sig.

48 DUCANGE (Victor). Page entière aut. d'une pièce de théâtre.— DUMAMIANT. Lettres de Pixericourt, 3 pages pleines, aut. sig.— Autre, 1 page aut sig. 3 p.

49 DUGAZON. Envoi d'une lettre à Lafon, aut. avec paraphe.

50 DUMAS (Alexandre). 2 billets aut. sig. — Autre de son fils.— IDA FERRIER. Billet aut. sig.

51 DUMERSAN. 3 billets aut. sig., reçu, etc.

52 DUPERRON DE CASTERA. Lettre de 2 pages aut. sig. — DUPEUTY. Lettre aut. sig.

53 DUPREZ. 3 billets aut. sig. et billet de bal sig.

54 DUSAUSOIR, poëte. Hymne à l'Amitié et lettres d'envoi. 2 p. aut. sig.

55 DUVERT. Lettre aut. sig.

56 ELSSLER (Fanny). Billet aut. sig. — Adèle DUMILA-TRE. Billet aut. sig.— Carlotta GRISI. Billet aut. sig. et sig. 4 p.

57 FLORIAN. Fragment de pièce. Léandre et Pierrot, aut.— FONTANES. Billet aut. sig. 2 p.

58 FONVIELLE (le chevalier de). Ode à Louis XVI, martyr. 3 grandes pages pleines et lettre d'envoi au Journal de Paris, aut. sig.

59 FALCON (Cornélie). — Maria FLÉCHEUX. Billets aut. sig. — Eugénie GARCIA. Lettre aut. sig. 3 p.

60 GARDEL. 2 lettres aut. sig.

61 GAY (Sophie). 2 billets aut. sig.

62 GASSENDI. 2 lettres sig.

63 GELINEK, professeur de harpe. Son adresse aut. écrite au crayon sur une lithog. (Fingal.)

64 GOZLAN (Léon). Lettre et billet aut. sig. 2 p.

65 GUICHARD. Vers sous le nom d'une jeune dame horriblement calomniée, aut. sig.

66 GUYOT DE MORVILLE. Lettre aut. sig. 4 pages.

67 HALÉVY. Billet aut. sig. — JADIN. Lettre aut. sig.

68 HIMMEL, compositeur. Lettre en allemand, aut. sig.

69 HUGO (Victor). 2 billets aut. sig. et paraphe.

70 HERZ (Henri). — ONSLOW. — PAER. 3 billets aut. sig.

71 IMBERT (Barthélemy), auteur dramatique. Lettre aut. sig.

72 KALKBRENNER (Chrétien). — Frédéric. Lettre aut. sig.

73 KREUTZER — HAUMANN, violons. 2 billets aut. sig.

74 LACHABEAUSSIÈRE. — LAMARTELIÈRE. 2 lettres aut. sig.

75 LACHASSAIGNE (Mlle). L. aut. sig. — Émélie LEVERT. Billet aut. sig.

76 LAFONT, violon. 2 billets aut. sig. et fragment aut. 3 p.

77 LAMARTINE. Billet aut. sig.

78 LAMOTHE-LANGON. Lettre et billet aut. sig. 3 p.

79 LARIVE. Charmante lettre à Grandménil. 2 pages et demi aut. sig. Cachet.

80 LAYA. Lettre et billet aut. sig. — LEBRUN. Billet aut. sig. et 2 fragments aut.

81 LEGOUVÉ. Billet aut. sig.—LEGRAND. Lettre aut. s. Vers à Palissot, aut. — LEMERCIER. Lettre et billet aut. sig. Billet à la troisième personne. 6 p.

82 LEMOYNE, compositeur. Lettre aut. sig,

83 LESUEUR, compositeur. Lettre aut. sig.

84 LUCE DE LANCIVAL. 3 lettres aut. sig. et 12 billets aut. sig. et à la troisième personne. 15 p.

85 MAHÉRAULT (J.-F.-R.), poëte. 12 lettres et billets aut. sig. Plusieurs intéressantes.

86 MALIBRAN. Lettre en italien, sig. Marietta.

87 MARIA, danseuse. Billet aut. sig.

88 MARINI dit Marin, auteur de la bibliothèque du Théâtre Français. 2 lettres aut. sig.

89 MARIO DI CANDIA. Lettre aut. sig. et sig.

90 MARS (Mlle). Petit billet aut. sig.

91 MARSOLLIER des Vivetières. Petite lettre, 6 pages relatives à sa pièce, UN TOUR DE PAGE, aut.

92 MARTELLY (Richard). Lettre aut. sig. 2 pages. détail des pièces qu'il a composées.

93 MÉLESVILLE. Lettre et billet aut. sig.— MÉRIMÉE. Billet aut. sig.— MÉRY. Lettre aut. sig.

94 MEYERBEER. 3 billets aut. sig.— Autre sig. 4 p.

95 MÉZERAI (Mlle). 2 petits billets aut. sig.

96 MICHELOT. 8 lettres et billets aut. sig.

97 MILLEVOYE. 2 petits billets aut. sig.

98 MINETTE (Mlle). 6 petits billets aut. sig.

99 MOLÉ. Lettre à M. le marquis de Bièvre, 3 pages aut. sig. de l'initiale.

100 MONROSE (Louis). Billet aut. s. et sig.

101 MONVEL. 4 lettres et billets aut. sig. — Lettre de Madame, aut. sig. 5 p.

102 MORELLET. 3 lettres aut. sig. 1793, 1796, 1797.

103 NEUFCHATEAU (François de). 2 belles lettres aut. sig.

104 NOURRIT (Adolphe). 2 billets aut. sig.

105 OFFENBACH (Jacques). Billet aut. sig., papier gaufré.

106 PALISSOT de Montenay. 4 lettres aut. sig. et billet avec initiale.

107 PALMEZAU. Lettre aut. sig. Cubières.

108 PELISSON Fontanier. Quittance sig.

109 PERSUIS, compositeur. Lettre aut. sig., à Berton.

110 PICARD. Lettre aut. sig.

111 PIEYRE. — PIIS. — PIXERECOURT. 6 lettres et billets aut. sig.

112 PLEYEL (Marie). — Loïsa PUGET. 2 billets aut. sig.

113 RACHEL (Mlle). Jolie petite lettre aut. sig., carte de visite sig. et billet de bal sig. 3 p.

114 RAUCOURT (Mlle). 12 lettres et billets aut. sig., à M. Lafon.

115 RAYNOUARD. 20 lettres, billets et fragments aut. sig. et sig. de l'initiale.

116 RÉCAMIER (Mme). Billet à la troisième personne.

117 REGNARD Notes aut. 2 pages pleines, amusantes.

118 RÉGNIER, acteur. Lettre et billets aut. sig. 3 p.

119 REICHARDT, compositeur. Lettre aut. sig. 2 pages.

120 RÉMUSAT (comte de). 4 lettres aut. sig.

121 RHULIÈRES, auteur dramatique. Vers en réponse à une demande, aut. sig. au verso. Envoi à M. Jouy par sa nièce, Elisa D.

122 ROBERT (Élisabeth), danseuse. 4 lettres aut. sig.

123 ROGER, aut. dram. 3 lettres aut. sig.

124 ROSSINI, compositeur. 3 lignes en italien, aut. sig.

125 SAINT-AIGNAN (duc de), aut. dram. Lettre aut. sig. 3 p. 12 octobre 1664.

126 SAINT-ANGE (de). 4 lettres aut. sig.

127 SAINT-PRIX. 5 billets aut. sig., à Lafon.

128 SAND (Mme). Billet aut. sig. Georges. — Flora TRISTAN. Lettre aut. sig., à M. Crémieux. 2 p.

129 SCRIBE (Eugène). Billet aut. sig.

130 SIMON, poète. Lettre aut. sig. 4 pages. Troyes, 1786.

131 STOLTZ. — Pauline GARCIA Viardot. 2 billets aut. s. et sig. 3 p.

132 SPONTINI. Billet aut. sig., à Berlioz.

133 TALMA. Lettre et 2 billets aut. sig. — Billet aut. sig., de sa femme au semainier. 4 p.

134 THALBERG. Lettre et billet aut. sig.

135 THIL. Lettre aut. signée. Recommandation de M Senci.

136 THOMAS, compositeur. Lettre aut. sig.

137 TRESSAN (comte de). Lettre aut. sig. 3 pages et copie aut. d'une lettre du Dauphin. Pièce de vers aut. 3 p.

138 VIENNET. Lettre aut. sig. — VIGÉE. Lettre aut. sig. 2 p.

139 VOLNAIS (Mlle). 3 billets aut. sig. et 2 autres à la troisième personne. 5 p.

140 WENZEL (Mlle). 3 lettres aut. sig.

141 XIMENÈS (baron de), aut. dram. Lettre aut. sig.

142 A. B. Acteurs, actrices, compositeurs. Billets aut. s. et sig. 22 p.

143 C. Auteurs, acteurs, actrices, etc. 31 lettres, billets aut. sig. et signatures.

144 D. Musicien, acteurs, actrices, etc. Lettres, billets aut. sig. et signatures. 27 p.

145 E. F. Lettres, billets et sig. 23 p.

146 G. H. 40 lettres, billets aut sig. et signatures.

147 L. 27 lettres, billets et signatures de divers artistes.

148 M. 27 lettres, billets et signatures de divers artistes.

149 N. O. 11 lettres, billet et signatures diverses.

150 P. 28 lettres, billets et signatures diverses.

151 R. 23 lettres, billets et signatures.

152 S. 21 lettres, billets et signatures diverses.

153 T. à V. 36 lettres, billets et signatures diverses.

SUPPLÉMENT

154 ACTEURS. Bocage, Féréol, E. Leverd. 3 lettres aut. sig.

155 ANCELOT. — Andrieux. 2 lettres aut. sig.

156 BOSSUET, évêque de Meaux. Très-belle lettre de deux pages et demie, aut. sig. l'évêque de Meaux.

157 BOUILLY, homme de lettres. Lettre aut. sig.

158 BUFFON (de). Brevet de garde de ses forêts, signé.

159 COURTIN. 24 mai 1677. Belle lettre de 3 pages in-4, aut. sig.

160 CUSTINE (A. de). Lettre et billet aut. sig.

161 DE LA HAYE. Munich, 1678. Lettre aut. sig., de 3 pages.

162 DONIZETTI. Belle lettre de 2 pages et demie, en italien.

163 KALKBRENNER. 2 lettres aut. sig. — A. Adam, 1 lettre aut. sig.

164 MALIBRAN (M. F. de Beriot). Lettre aut. sig.

165 MARTIN (M.), chanteur. Lettre aut. sig. 2 pages.

166 MURAT (Caroline), comtesse de Lipona. 2 lettres sig.

167 MURAT (Achille). 2 lettres aut. sig.

168 MURAT (Joachim). Procuration sig.

169 PAER. 2 lettres aut sig.

170 PAGANINI. Lettre et billet aut. sig. 2 p.

171 ROCHETTE (R.). Petite lettre aut. sig.

172 RUBINI. Lettre aut. sig.

173 SCHNETZ (Victor). Lettre aut. sig.

174 SCRIBE (Eugène). 2 lettres aut. sig.

2ᵉ SUPPLÉMENT

175 ALISSAN DE CHAZET. 2 lettres aut. sig.

176 BAOUR-LORMIAN. 2 demandes au roi, aut. sig.

177 BARBIER DU BOCCAGE. Signature au bas d'une apostille.

178 BUGEAUD, général. — Cailleu, 2. — Changarnier et Rigolot. — Saint-Aignan. 7 lettres aut. sig.

179 CARION-NISAS. Lettre aut. sig. 3 pages.

180 Duchesnois (Mlle). Billet à la troisième personne, aut.

181 Hericart de Thury. Lettre sig.

182 Jacquand (Claudius), peintre. 48 billets aut. sig.

183 Labouisse. Lettre aut. sig.

184 Lafont, violon. Lettre aut. sig.

185 Larochefoucauld (duc de). 3 sig. Lemercier. 4 p.

186 Lesueur, musicien. Lettre aut. sig.

187 Littérateurs. Delécluse, Dupaty, Gail. 3 lettres aut. sig.

188 Martin (Aimé). — Letronne. 2 lettres aut. sig.

189 Merlin (Mme la comtesse). Lettre aut. sig.

190 Molinos (Antonia de), musicienne. Plus de 75 billets aut. sig.

191 Moscheles, compositeur. Lettre aut. sig.

192 Musiciens. Hiller, Jadin, Kalkbrenner, Kreutzer. 3 lettres aut. sig. et signatures. 4 p.

193 Paer. 2 belles lettres aut. sig.

194 Panseron, Pixis, Platel. 3 lettres aut. sig.

195 Persuis et Herz jeune. 2 lettres aut. sig.

196 Pleyel (Camille). — Rigel. 2 lettres aut. sig.

197 Silvestre, Silvestre de Sacy, Viennet. 3 lettres aut. sig.

198 Viollet Leduc. — Walkenaer. 3 lettres aut. et sig.

Renou et Maulde, imprimeurs de la Compagnie des Commissaires-Priseurs, rue de Rivoli, 144. 18900

PORTRAITS EN BISTRE

Collections de Portraits inédits ou rares de Personnages célèbres

REPRODUITS NOUVELLEMENT PAR LA GRAVURE

Publiés par VIGNÈRES, M^d d'Estampes

Rue de la Monnaie, 13, à l'entresol, entrée rue Baillet, 1.

ALBANY (Louise-Max. de Stolberg, comtesse d').	Gravée par Varin.
AMOROS, colonel, fondateur de la gymnastique en France.	id.
ARGOUT (Antoine-Maurice-Apollinaire, comte d').	J. Porreau.
BABEUF (F.-N.-Gracchus), journaliste.	id.
BARÈRE (Bertrand), de Vieuzac, conventionnel.	id.
BEAUHARNAIS (comtesse Stéphanie de), poète, romancière.	Sisco.
BERRUYER, général, commandant des Invalides.	J. Porreau.
BERTRAND DE MOLLEVILLE, marquis, ministre, littérateur.	id.
BIÈVRE (marquis de), célèbre auteur de calembourgs.	id.
BLANCHARD (Madeleine-Sophie-Armand, Madame), aéronaute.	id.
BONJOUR (Casimir), auteur dramatique.	id.
BORGHÈSE (Camille-Philippe-Louis), prince.	id.
BOSSUT (Charles), mathématicien.	id.
BRAZIER (Nicolas), auteur dramatique, d'après Marlet.	id.
BRISSOT (J.-P.), de Varville, conventionnel.	id.
CANCLAUX (J.-B. Camille, comte de), général, pair.	id.
CAYLA (comtesse de), née Talon, d'après le baron Gérard.	Massard.
CLOUET dit JANET, (François), peintre de portraits.	J. Porreau.
COCHON, comte de l'APPARENT, conventionnel, ministre.	id.
DEBUREAU, acteur des Funambules, Pierrot.	id.
DE FERMONT (comte), député, conseiller d'État.	id.
DEVIENNE, actrice, Théâtre-Français.	Normand.
DONADIEU, baron, général de division.	J. Porreau.
DORAT-CUBIÈRES-PALMEZEAUX, poète, auteur dramatique.	id.
DROZ (Joseph), littérateur, académicien.	id.
DUCHESNE aîné, conservateur du cabinet des estampes.	id.
DUCOS (Roger), avocat, constitut., 3e consul provisoire.	id.
ÉLIE DE BEAUMONT, avocat au Parlement de Paris.	Devritz.
EMPIS (Adolphe), auteur dramatique.	J. Porreau.
EPAGNY (d'), poète dramatique.	id.
FABRE DE L'AUDE (comte), députe, pair, littérateur.	id.
FIEVÉE (J.), littérateur, auteur dramatique.	id.
FRÉRON (Louis-Stanislas), conventionnel.	id.
FROCHOT, comte, préfet, député.	id.
GARNERIN (A.-J.), inventeur du parachute.	id.
GARNERIN (Élisa), aéronaute.	id.
GAUDIN, duc de Gaëte, ministre des finances.	id.
GENLIS (A. Brulard, comte de), cap. des gardes, couvent.	id.
GEOFFROY (J.-L.), critique, journaliste.	id.
GODOI (don Manuel), prince de la Paix.	Varin.
GOUFFÉ (Armand), chansonnier, vaudevilliste.	J. Porreau.

Guimard (Mademoiselle), danseuse. — J. Porreau.
Jouffroy (Théodore-Simon), professeur, académicien. — id.
Jousselin de Lasalle, homme de lettres. — id.
Kant (Emmanuel), philosophe allemand. — Bracquemond.
Lacalprenede (Gauthier de Costes, seign. de), romancier. — Varin.
Lainé (J.-H., vicomte), ministre et académicien. — J. Porreau.
Lamballe (princesse de), dess. d'ap. nature par Gabriel, — id.
Lasource (M.-David-Albin de), député du Tarn. — id.
Lavallière (L.-F. de la Baume, duchesse de). — id.
Lecotte (Edme-Aimé), lieut.-général, comte, né à Dijon. — id.
Marat, à la tribune, dess. d'après nature par Gabriel. — id.
Martin (Louis-Aimé), littérateur. — id.
Maurepas (J.-Fréd. Phelypeaux, comte de), ministre. — Varin.
Mazères (Édouard), auteur dramatique. — J. Porreau.
Mesmer, auteur du magnétisme animal. — id.
Mézerai, actrice, Théâtre-Français. — Normand.
Orléans, duc de Montpensier (Ant.-Philippe d'), 1773-1807. — J. Porreau.
Persuis (L. Loiseau de), musicien, d'ap. Pierre Guérin. — id.
Petiet (Claude), député, ministre de la guerre. — id.
Philidor (André-Danican), musicien, auteur du jeu d'échecs. — id.
Pilon (Germain), sculpteur, 1550. — id.
Pixerécourt (Guilbert de), fac-simile, d'après J. Boilly, in-4. — id.
Pongerville (Samson de), académicien. — id.
Pontus de la Gardie, général en Suède. — id.
Ramel-Nogaret, ministre des finances, préfet. — id.
Reveillère-Lepaux, botaniste, théophilanthrope. — id.
Robert-Lindet, député, conventionnel, ministre. — id.
Romme (Gilbert), conventionnel. — id.
Rouget de l'Isle, auteur de *la Marseillaise*, musicien. — Varin.
Saint-Huruge (marquis de). — J. Porreau.
Saint-Prix, acteur, Comédie-Française. — id.
Saint-Simon (Claude-H., comte de), philosophe. — Perrot.
Silvain Maréchal, poète et littérateur. — Devritz.
Tallien (Madame), née Cabarus, d'après le baron Gérard. — Massard.
Treilhard (J.-B., comte), député, ministre, etc. — J. Porreau.
Tronson du Coudray, avocat, du Conseil des Anciens. — id.
Vadier (A.), député aux États-Généraux. — id.
Vatout (J.), poète, académicien, bibliothécaire. — Varin.
Vigée (L.-G.-B.-E.), poète et auteur dramatique. — J. Porreau.
Cartouche (Louis-Dominique), fameux voleur. — Lallemand.
Mandrin (Louis), fameux contrebandier. — Delaistre.

Chaque portrait pouvant entrer dans un in-8° est tiré in-4°.

Avec la lettre, papier blanc, 1 fr.; papier de Chine, 1 fr. 25 c.

Avant la lettre, papier blanc, 1 fr. 50 c.; papier de Chine, 2 fr.

Dont il n'est tiré que 20 épreuves blanc et 5 Chine.

Afin de faciliter les recherches des Amateurs de portraits, soit pour les illustrations, soit pour les collections d'autographes ou autres, *deux Catalogues détaillés* de quelques collections de portraits qui peuvent se trouver chez moi, classés par ordre alphabétique, seront remis aux personnes qui en feront la demande affranchie.

Renou et Maulde, imprimeurs de la Compagnie des Commissaires-Priseurs, rue de Rivoli, 144.   18990